VIDA LATINA

COMIDA

Y

COCINA

VIDA LATINA

COMIDA Y COCINA

Texto de Tracy Clavin
Versión en español de Argentina Palacios

Rourke Publications, Inc.

Se agradece a las siguientes fuentes por el uso de sus fotografías en este trabajo: Bob Daemmrich, págs. 2, 35, 40, 44; Envision/Michael Major, págs. 7, 27; AP/Wide World Photos, pág. 9; Impact Visuals/ Donna DeCesare, pág. 17; Claire Rydell, págs. 12, 14; Library of Congress, pág. 15; Gail Denham, pág. 17; Robert Fried, págs. 18, 24, 41; Envision/Ernest Hershberger, pág. 21; Frances M. Roberts, pág. 31; Impact Visuals/Fred Chase, pág. 33; Lois Ellen Frank, pág. 36; Diane C. Lyell, pág. 42.

Producido por Salem Press, Inc.

∞ El papel usado en estos volúmenes está en conformidad con el American National Standard for Permanence of Paper for Printed Library Materials, Z39.48-1984.

Library of Congress Cataloging-in-Publication Data

Clavin, Tracy.
   Comida y cocina / Tracy Clavin.
      p.   cm. — (Vida latina)
   Resumen: Presenta distintas clases de comida y cocina latinas.
   ISBN 0-86625-563-X
    1. Hispano-americanos—Comida—Literatura juvenil.
2. Hispano-americanos—Vida social y costumbres—Literatura juvenil. [1. Hispano-americanos. 2. Vida social y costumbres.]
I. Título. II. Serie.
TX361.H57C58   1995
   394.1′2′08968—dc20   95-1407
                                   CIP
                                   AC

Primera impresión

IMPRESO EN LOS ESTADOS UNIDOS DE AMÉRICA

ÍNDICE DE MATERIAS

Capítulo 1

Comida latina: viejas tradiciones, platos favoritos

Quien haya comido un burrito o un taco sabe algo de la comida y la cocina latina. Lo cierto es que existen muchas otras clases de comida llevadas a Estados Unidos por los hispanohablantes, o hispanoparlantes. A partir de la década de 1950, han llegado distintas olas de inmigrantes de Centroamérica y Suramérica, Cuba, Puerto Rico y otras islas del Caribe. Llevaban consigo sus hábitos, costumbres y recuerdos de la patria que dejaban atrás. Varias generaciones de otros latinos han vivido en Estados Unidos desde hace mucho y también practican las costumbres de sus antepasados hispanohablantes, o hispanoparlantes.

Para estos latinos, algunas de sus costumbres más importantes se relacionan con la comida. Les gusta comer la comida conocida, la que preparan según receta de padres, abuelos y otros seres queridos. Estas tradiciones familiares datan de la época más antigua de Norteamérica y Suramérica.

Señora peruana cocinando un plato tradicional de arroz con cerdo, según una vieja receta de la familia.

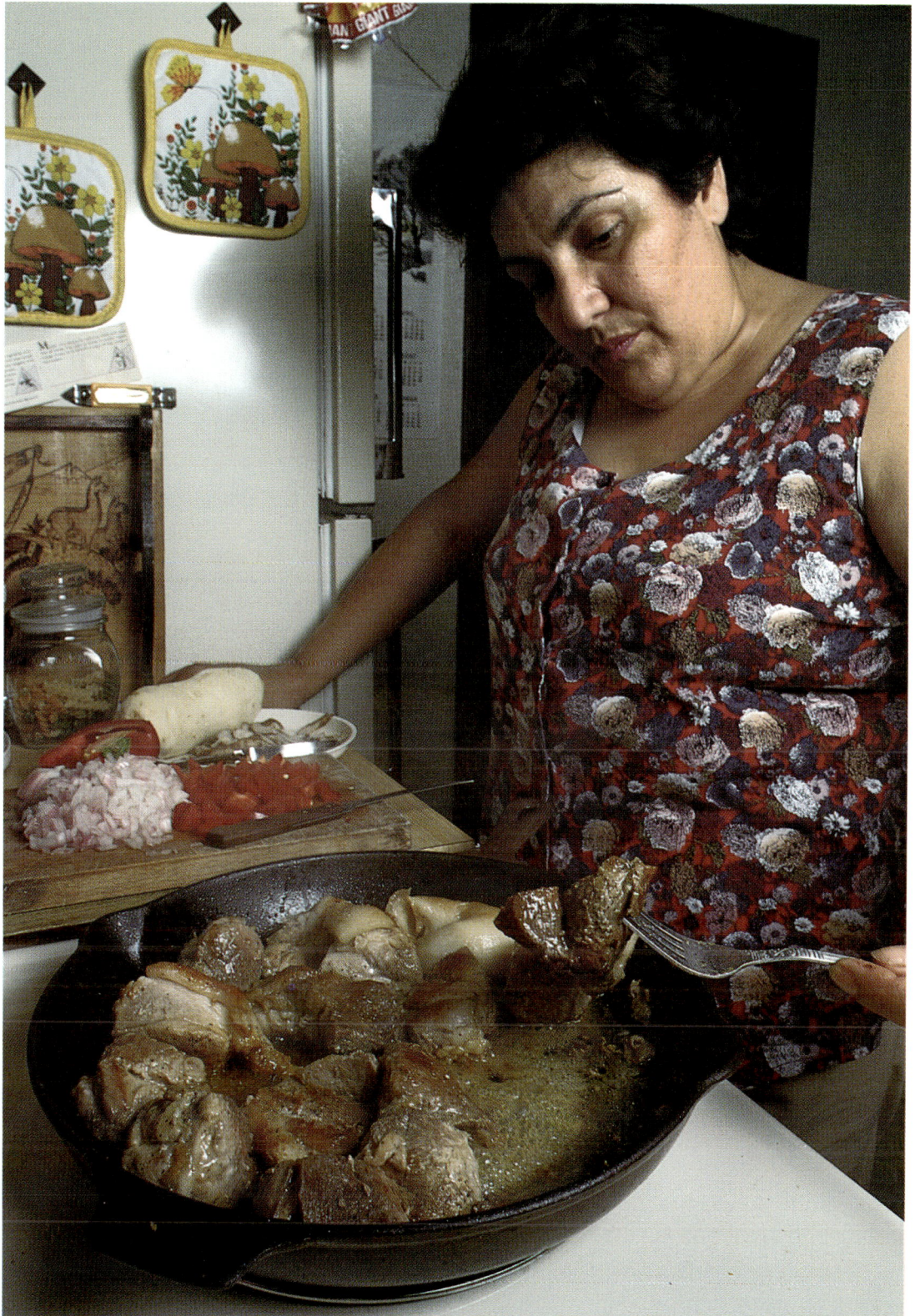

LA SUPERVIVENCIA: OBTENCIÓN DE ALIMENTO

Los primeros seres humanos vivieron hace miles de años. No podían establecerse largo tiempo en ningún lado porque no sabían cultivar la tierra ni criar animales para su alimentación. Para alimentarse a sí mismos, a su familia, a la tribu, recolectaban frutos silvestres por los alrededores. Cuando éstos se agotaban, se mudaban a otro lado.

Los seres humanos también aprendieron a cazar y seguir las manadas de animales que, al igual que ellos, buscaban alimento. Era ocupación de largas horas. Muchas tribus viajaron por Norteamérica y Suramérica, donde había gran variedad de granos, vegetales y frutas silvestres, donde no había que trabajar tanto para obtener alimento. Los primeros pobladores de las Américas descubrieron el *maíz*, una planta que crecía silvestre y volvía a producir en los mismos lugares la temporada siguiente.

Finalmente, los seres humanos descubrieron la manera de sembrar semillas en el momento propicio para siempre tener alimento. Aprendieron a cultivar las plantas nacidas de las semillas y cosechar y almacenar los frutos para tener qué comer. Hasta aprendieron a reservar una cierta cantidad de semillas de la cosecha para volver a sembrar, con lo cual empezaba el ciclo otra vez.

LA EXPLORACIÓN: LA BÚSQUEDA DE ESPECIAS

Los exploradores españoles llegaron por mar a las Américas en 1492, más de 20,000 años después de la llegada a pie de los primeros pobladores. A los españoles y otros europeos no les gustaron los primeros pobladores. Los europeos no tuvieron que ir lejos para procurarse alimento. Lo que les gustaba era viajar y comerciar con otros países para obtener lo que querían, como especias.

Los europeos usaban la pimienta negra y otras especias de la India para sazonar sus comidas. Las especias también les servían para que la comida no se dañara, porque en ese entonces no había cómo guardarla en lugares frescos, como en nuestros días. Las especias costaban mucho y los mercaderes querían encontrar una manera mejor de transportarlas desde la India. Quien encontrara tal ruta se podía enriquecer. Pero casi nadie se atrevía a navegar por el océano. Según algunos, la tierra era plana y si viajaban por el agua se podían caer al fin del mundo.

Cristóbal Colón era un cartógrafo y marinero de talento, ansioso de triunfar en la vida. Estaba consciente del peligro de la ruta terrestre y, asimismo, de la importancia del comercio con otros países. Sabía que la tierra era redonda y sabía cómo probarlo: navengando hacia el oeste hasta llegar a la India. Sabía que España se enriquecería si lo

En este retrato, pintado en 1512, Cristóbal Colón se ve con un mapa, tal vez dibujado por él mismo.

lograba. Aunque no logró encontrar esa ruta hacia la India durante los diez años de su empresa, arribó a las Américas.

Colón y sus barcos tocaron tierra en las Bahamas y otras islas del Caribe en 1492. Luego llegaron gentes de otros países europeos. Podían ir a cualquier sitio, por tierra o por mar, con sus alimentos y otros productos. Los historiadores han llamado a este período, la época de las exploraciones. Los europeos se dieron cuenta de que ciertas plantas de Asia se podían sembrar en las Américas. Las costumbres alimentarias españolas se mezclaron con las de los indígenas de las Américas. Se creó una nueva tradición alimentaria latina, la cual perdura en las comidas que gustan los latinos de la actualidad.

Esta inmigrante salvadoreña, que trabajaba la tierra en su patria, riega el maíz en su patio de la ciudad de Nueva York.

Capítulo 2

EL MAÍZ EN LAS AMÉRICAS

Muchos de los ingredientes básicos de los alimentos latinos actuales se han cultivado desde hace siglos. Algunos de ellos provienen de plantas que una vez crecían silvestres en las Américas. Otros ingredientes provienen de plantas traídas por los soldados y colonos españoles a Centroamérica y Suramérica a partir del siglo XVI. Para entender el desarrollo de la comida latina, hay que conocer estos alimentos básicos.

Uno de los ingredientes más importantes, el maíz, crecía silvestre desde mucho antes de que los cazadores y recolectores, o piscadores, se hicieran agricultores sedentarios. Este grano es uno de los alimentos más usados y venerados en el mundo entero. Su importancia se debía a que siempre volvía a crecer en una época y era fácil de cultivar. La gente creía que era un don de los dioses. Hasta llegaron a creer que el mismo maíz era un dios de la naturaleza. En esos tiempos remotos, se creía que los dioses de la naturaleza controlaban el tiempo, el crecimiento de los cultivos y, por lo tanto, la misma vida humana. Para los mayas, los incas y los aztecas, el maíz era símbolo de vida.

LOS MAYAS

Los mayas vivieron en México y partes de Centroamérica entre los años 300 y 900 D.C. Hacían una masa de maíz medio molido a la que llamaban *kayem*. Éste era un buen

En esta antigua pirámide maya se encontraba la tumba de un rey importante.

alimento para los viajes ya que duraba varios meses en buen estado. Con el tiempo, se agriaba. Los mayas reciclaban las hojas en que envolvían el kayem para que el sabor del mismo fuera uniforme. Con kayem y agua hacían una bebida. Antes de beberla, tiraban o rociaban pedacitos de kayem a los cuatro vientos: al norte, al sur, al este y al oeste.

El maíz tenía un uso especial en las ceremonias funerarias mayas. Ponían masa de maíz en la boca del muerto y dejaban cerca del cuerpo una sustancia de maíz molido tres veces. Lo hacían por la creencia de que este alimento le daría fuerza al difunto para su viaje de cuatro años por la tierra de los muertos. Los mayas sacrificaban animales y enterraban la carne con el difunto. La parte del maíz que quedaba después de colar la sustancia se llamaba salvado. Este salvado de maíz se colocaba con los animales muertos para que el espíritu de los mismos no se enojara con la persona difunta por el sacrificio.

Para los mayas, el cielo tenía trece capas. Una comida que hacían, llamada *tamal*, tenía trece capas. Dentro de un poco de masa de maíz ponían varias capas de frijoles negros (habichuelas negras) y pepitas de calabaza (ullama, auyama) tostadas y molidas. Estos *tamales* especiales eran para Chac, el dios de la lluvia, quien, con esta ofrenda, haría que lloviera. La lluvia era esencial para que las cosechas fueran abundantes.

LOS INCAS

Los incas gobernaron una gran porción de Suramérica entre 1200 y 1532. Todos los días, al mediodía, ponían platos de maíz frente a las estatuas en sus templos. Asimismo, quemaban granos de maíz frente a ellas y servían *chicha*, una bebida fermentada a la cual añadían especias para mejorar el sabor. La chicha de los incas se hacía de maíz, como el kayem de los mayas.

Al morir los incas importantes se les momificaba. Los cadáveres se envolvían en capas de tela hecha con fibras vegetales entre las cuales se mezclaban hierbas especiales para desecar el cuerpo. Dentro de la envoltura también se colocaban pequeñas tortas de maíz para fortificar al difunto. Estas momias se sentaban en sillas de piedra y se veneraban como dioses menores y a ellas también se les ofrendaba maíz y chicha.

LOS AZTECAS

En México, Quetzalcóatl era el dios de la sabiduría y la civilización. Los aztecas gobernaron en México y parte de Centroamérica más o menos en la misma época de los incas en Suramérica. Según los aztecas, Quetzalcóatl, inventor de la agricultura, les enseñó a cultivar plantas, incluso el maíz, para que no vagaran constantemente en busca de alimento. La ciudad de Tenochtitlán, famosa por sus jardines flotantes, se construyó sobre un lago que en nuestros días se encuentra bajo la ciudad de México.

El calendario azteca tenía dieciocho meses de veinte días cada uno. El cuarto y el octavo mes se dedicaban a fiestas y

Las cabezas de piedra de las columnas de este templo muestran a Quetzalcóatl, la serpiente emplumada, dios azteca de la sabiduría y la civilización.

Grabado que muestra la idea de un artista de la feroz lucha entre los guerreros aztecas y los conquistadores españoles.

celebraciones del crecimiento del maíz. El cuarto mes se celebraba el maíz nuevo, con su promesa de alimento para el año venidero. El octavo mes había una celebración de ocho días para comer el maíz hecho, a punto.

El dios principal de los aztecas era el sol, Huizilopochtli, un dios hambriento. Los aztecas tenían obligación de darle de comer diariamente a fin de fortalecerlo para sus batallas nocturnas. Creían que al atardecer el sol desaparecía del horizonte para irse a luchar contra la oscuridad. Según sus creencias, lo único que Huitzilopochtli comía era el corazón de un ser humano. Así, a fin de tener prisioneros para el sacrificio, los aztecas hacían la guerra a otras tribus. Morir sacrificado era una manera noble de morir. Los guerreros aztecas que entregaban su corazón en este sacrificio creían que vivirían eternamente como parte del sol.

Capítulo 3

La familia *Solanum*: alimento básico para todos

Los indios americanos de la antigüedad hacían otros cultivos, además del maíz. Los europeos que regresaban del Nuevo Mundo llevaron esas plantas a su patria de origen. Con el tiempo, las semillas de las mismas se extendieron por el mundo entero. Algunas de esas plantas crecían bien en cualquier sitio y se popularizaron en Europa, tanto así que pronto el pueblo las hizo suyas y se olvidó de que procedían de las Américas. En algunos casos, a la gente no le gustaban estos alimentos nuevos, o creía que eran venenosos. A veces era difícil cultivarlos ya que necesitaban el clima y el suelo americano para crecer.

Una familia de alimentos que fue de las Américas a Europa es muy popular hoy en día en todo el mundo. El nombre científico de la familia, en latín, es *Solanum*, de la cual son miembros el tomate o jitomate, el chile o ají picante y la papa o patata.

Los tomates o jitomates

El tomate rojo o jitomate de hoy es pariente de una planta suramericana que echa pequeñas bayas rojas alrededor de un tallo. Las bayas se abren cuando maduran y sueltan las semillas. El viento, los pájaros o los insectos son los que las dispersan. Desde Ecuador hasta Chile, los indios de ayer cultivaban la planta. Se conocen por lo menos siete clases de tomate o jitomate silvestre en Suramérica.

Nadie sabe con exactitud la edad del tomate rojo o jitomate. Los arqueólogos han desenterrado hojas o cáscaras de tomate verde en unas cuevas cerca de México, empleadas por los aztecas. Se cree que datan de alrededor de 800 A.C. La palabra azteca para esta fruta era *xitomatl*, una palabra compuesta de otras dos, *xi*, "ombligo", y *tomatl*, "fruta robusta"—"fruta robusta con ombligo".

Los europeos conocieron el tomate o jitomate en 1544. Cultivaban las semillas y usaban las plantas y frutos como decoración en las casas. No lo comían porque creían que era venenoso. La palabra *Solanum*, que quiere decir solanáceo, tiene muchos miembros conocidos por su

Los tomates maduros se separan de los verdes en un almacén.

veneno. Algunos de éstos son venenosos sólo cuando están verdes y son perfectamente comestibles cuando maduran.

Los tomates llegaron a las colonias británicas de Norteamérica en 1710 y se quedaron para siempre. Unos científicos estadounidenses estudian el fruto para tratar de mejorarlo en tamaño, color y sabor. También han tratado de cambiarle el grosor o la dureza de la cáscara o piel. Estos frutos más resistentes se pueden enviar a cualquier lado sin que se magullen o malogren.

Chiles o ajíes picantes

Otra planta de la familia *Solanum* es el chile o ají picante, el cual tiene un veneno llamado capsaicina. Esto es lo que hace llorar los ojos, gotear la nariz y quemar la garganta. La sazón que se hace con chiles o ajíes tiene sabor fuerte y picante. Ciertas personas sazonan su comida con chiles o ajíes en vez de pimienta negra.

Aguacates junto con los ingredientes básicos para hacer salsa, listos para picarse y mezclarse.

SALSA BÁSICA

6-8 tomates rojos o jitomates, cortados en cubitos
4 cebollas verdes o cebollinas, picaditas (ó 1 cebolla
    blanca pequeña, en cubitos)
3-4 dientes de ajo, estrujados (ó 6 cucharaditas de
    ajo en polvo)
$\frac{2}{3}$ taza de cilantro, picadito
jugo de 1/2 limón verde (ó 2-3 cucharaditas de
    limón verde)
3 chiles o ajíes picantes, picaditos (como jalapeños
    o habaneros)

Para cortar los vegetales con un cuchillo bien
afilado, los niños deben ser ayudados por un adulto.
Se pican cuidadosamente en cuadritos o pedazos
pequeños. Si a uno no le gusta la salsa muy picante,
se le quitan las semillas a los chiles o ajíes (con
guantes plásticos para no quemarse las manos). Se
pica el cilantro y el bulbo y el tallo de la cebolla en
pedazos pequeños. Se mezclan todos los ingredientes
en un tazón. Se cubre el tazón con plástico y se pone
en la refrigeradora unas 2 horas para que los sabores
se mezclen. Se sirve para comer con totopos o pedazos
de zanahoria o apio. Si sobra algo, se puede guardar
en la refrigeradora hasta cinco días.

La palabra "chile" proviene de la lengua azteca. Ésta es
la palabra que se emplea en México y la mayor parte de
Centroamérica. La palabra "ají", de origen taíno, es la que
se emplea en el resto de los países de habla española. Hay
chiles o ajíes de distintos sabores, colores, formas y tamaños,
dulces y picantes. Pueden ser amarillos, verdes, anaranjados,
rojos. Se pueden comer secos, tostados, molidos, cocidos.
Se pueden servir en ensaladas o como plato principal con

carnes o pescado. Un plato muy popular con chiles o ajíes es la *salsa*. Los otros ingredientes de la salsa son tomates o jitomates, cebolla, cilantro y limón verde. Muchos estadounidenses comen salsa con totopos.

Los chiles no se deben confundir con el "chili con carne" que se vende en Estados Unidos en latas o botes. Para este cocido, por lo general se cocinan juntos carne y frijoles rojos o blancos y se sazonan con "chili" en polvo. Este polvo se hace con chile seco, cebollas y otras especias como comino, orégano y pimienta negra.

PAPAS O PATATAS

La papa o patata fue descubierta por los incas el año 3800 A.C. en sus tierras del frío altiplano peruano. Esta raíz, o *tubérculo*, que crece de modo subterráneo, es un alimento casi perfecto por todas las vitaminas necesarias para la vida que contiene. La papa crecía donde no crecía el maíz, protegida de las heladas que matan las plantas, requería menos terreno y podía alimentar a mayor número de personas.

Los incas empleaban un método especial para guardar el excedente de papas. Cuando las desenterraban las lavaban y las dejaban al aire libre de noche para que se congelaran. Después las estrujaban unos cuatro o cinco días, hasta que quedaran como un polvo fino, al cual llamaban *chuño*. Hacían una bebida con agua y chuño, o una masa para un tipo de pan, o un cocido de chuño con frijoles y vegetales. El chuño duraba en buen estado mucho tiempo, por lo cual la población inca dependía de él cuando se acababan los otros alimentos.

En nuestros tiempos, las papas también se pulverizan en hojuelas. A este polvo se le añade mantequilla y agua o leche para hacer "papa majada" o "puré de papa" al instante. Al igual que el chuño, estas hojuelas de papa también se pueden guardar muchos años sin que se dañen. La harina de papa se usa en muchas mezclas para hornear, alimentos congelados y otros productos alimenticios empacados porque dura mucho y se mezcla bien con otros ingredientes.

Flores blancas y plantas verdes coposas cubren este terreno, donde las papas crecen subterráneas.

Una de las maneras más fáciles de cocinar la papa es asarla. Los antiguos incas la envolvían en hojas vegetales y la enterraban en la ceniza del fuego. En nuestros días, se envuelve en papel de aluminio y se coloca en el horno. Las papas también se pueden cocinar sin envoltura, pero a veces la cáscara o piel se quema o se pone muy dura para comer. También es popular comer papas cortadas en tiras delgadas y fritas en baño de aceite bien caliente. Estas papas fritas se comen con sal, salsa de tomate, o vinagre. En Estados Unidos, en los campamentos, muchas veces se hace un corte a lo largo de una papa, se echa carne o frijoles por la abertura y se envuelve en papel de aluminio. Luego se entierra en las cenizas del campamento para que se cocine.

Capítulo 4

LAS LEGUMINOSAS Y OTROS CULTIVOS

Muchas de las plantas importantes que se cultivaron en Centroamérica y Suramérica no son de las *solanáceas*. Los europeas conocían ciertas clases de calabazas, frijoles y nueces en sus tierras de origen, pero los que encontraron en las Américas se les parecían un poco pero eran distintos. Algunas de estas plantas tenían frijoles, semillas o frutos que se comían crudos. A veces, estos productos se cocinaban; a veces se pulverizaban para hacer bebidas. Otros se empleaban sólo como especias.

CALABAZAS O CALABAZOS

Los pobladores de Centroamérica y Suramérica al principio cultivaron calabazas por sus cáscaras, muchas de las cuales son duras y gruesas y se pueden utilizar como vasijas o tazas. A veces les sacaban la pulpa y les echaban pepitas para hacer instrumentos musicales. Hoy aún se emplean ciertas calabazas como matracas o se tallan como silbatos o pitos.

Las pepitas de calabaza se han tostado desde hace siglos. Los indios las hacían de frijoles y las usaban para tamales cuando no había carne ni pescado. A veces las molían y las usaban como especias. A veces mezclaban pepitas de calabaza con maíz seco y llevaban la mezcla para comer durante los

EJOTE
49¢ LB

viajes largos, como hoy se come una mezcla de pepitas y frutas secas durante las caminatas.

FRIJOLES (FRÉJOLES, HABICHUELAS, POROTOS, JUDÍAS)

Por todo el mundo se cultivan muchas variedades de frijoles, unas de las cuales son originarias de las Américas. La judía escarlata se cultiva más por su tubérculo que por su frijol. Ciertos frijoles son muy apreciados porque requieren muy poca agua. Otros variedades populares son el frijol negro y las habas o habitas, llamadas en inglés "lima" (pronunciado "laima"), por la capital de Perú.

Los frijoles tienen distinto sabor según el tipo y la edad o la forma de cocinarlos. Se pueden emplear como relleno en cualquier receta. Cuando se mezclan con granos, proporcionan una proteína casi perfecta para el cuerpo humano. Muchos pobres comen frijoles porque son baratos, pero últimamente se han popularizado entre los ricos. En la década de 1980, muchos restaurantes caros empezaron a preparar platos de frijoles, inclusive sopa de frijoles negros.

MANÍES O CACAHUATES

Muchos saben que los maníes o cacahuates no crecen en árboles, como otras nueces, porque son leguminosas. Las flores que aparecen en la planta se doblan y se entierran. El fruto entonces se desarrolla bajo tierra. Existen por lo menos quince clases de maníes o cacahuates silvestres en las tierras bajas de Bolivia, Suramérica. De Bolivia se llevaron semillas a Brasil y el Caribe; de allí se extendió el cultivo hacia el este, hasta el Asia.

Se conocen distintas maneras de utilizar el maní o cacahuate. En Bolivia se tuesta, se pela y se muele para hacer una bebida con agua. Por todo el mundo se come tostado en su cáscara. La mantequilla de maní o crema de cacahuate es popular en Estados Unidos. Muchas veces este producto lleva otros ingredientes, como aceite, leche, azúcar y sal. El maní o cacahuate se puede combinar con pollo y legumbres o viandas y con granos como el arroz. También se puede usar para postres y dulces.

ALIMENTOS TROPICALES AUTÓCTONOS

Las piñas o ananás, los aguacates o paltas y el cacao de los indios eran desconocidos para los europeos y al principio les parecieron muy especiales y raros. La mayor parte de estos frutos no se podían cultivar en Europa porque el clima era muy frío y seco.

Piñas o *ananás*. La piña o ananá es una fruta tropical, que muchas veces hace pensar en Hawaii. Pero esta fruta se cultivó primero en las islas caribeñas y en Brasil y Paraguay. En el siglo XVIII, unas monjas hacían un dulce muy azucarado con piña. Pelaban la fruta y la hervían entera un ratito. Luego le quitaban el corazón y hacían una pasta con el mismo mezclado con pasitas, canela y azúcar. Cocinaban al mismo tiempo el resto de la fruta en agua azucarada y después rellenaban con la pasta el hueco que quedaba. Por último le daban a la piña varios "baños" de agua azucarada. Una de estas piñas rellenas podía pesar entre tres y seis libras.

En Estados Unidos se usan rodajas de piña y jugo en refrescos y bizcochos. Cruda, es agridulce y jugosa.

Aguacates o *paltas*. Otra fruta muy apreciada en Estados Unidos es el aguacate o palta, cuyo origen data de por lo menos el año 8000 A.C., en México. El aguacate es pariente del árbol de laurel y del de canela. Una de las formas más sencillas de preparar el aguacate, el *guacamole*, nos viene directamente de los aztecas. Los aztecas lo llamaban *ahuaca-mulli*, palabra compuesta de *ahuacatl*, aguacate, y *mulli*, salsa. Se prepara con aguacate, cilantro, cebolla y a veces con tomate. Se puede servir con totopos o tortillas.

A veces se come aguacuate sazonado con azúcar, sal, pimienta o jugo de limón verde. A muchos latinos les encanta comer aguacate majado con jugo de limón verde con plátanos fritos. La cáscara y las hojas de ciertos

GUACAMOLE

1 aguacate maduro, majado
3-5 cucharaditas de salsa fresca (o embotellada)
1 cucharadita de jugo de limón
$\frac{1}{2}$ cucharadita de ajo desmenuzado (o ajo en polvo)
$\frac{1}{4}$ cucharadita de sal (ó 2-4 sacudidas del salero)
1 tomate maduro, en cubitos

Se parte cuidadosamente el aguacate por mitad,
sin rebanar la semilla o hueso, la cual se descarta.
Se saca la pulpa de cada una de las mitades con
una cuchara y se echa en un recipiente hondo. Si la
fruta está bien madura, la pulpa se desprende muy
fácilmente de la cáscara. Se echan todos los otros
ingredientes, menos el tomate, en el recipiente.
Con un tenedor se majan todos los ingredientes
juntos. Después se echan los cubitos de tomate y
se revuelven en el recipiente con una cuchara. Se
cubre el recipiente con papel plástico y se mete
en la refrigeradora 1 hora. Se sirve el guacamole
con totopos, o por encima de burritos y tacos, o de
papas asadas.

aguacates tienen fragancia de anís, el sabor que se emplea
para el orozuz o regaliz negro. A veces se usa la cáscara
para envolver los tamales, lo cual le da sabor de anís a la
masa. Las hojas se usan como especias para varios platos
de aves o granos.

Cacao. Los granos del cacao se muelen para hacer
cocoa y chocolate. En tiempos remotos, la gente del pueblo
no podía disfrutar del chocolate. Los gobernantes y los
poderosos mayas y aztecas de México y Centroamérica
eran los únicos que podían hacerlo. Muchos sazonaban su
chocolate con chiles. Si las bebidas se batían, producían

espuma, lo que se consideraba como lo mejor, cualquiera que fuera el sabor de la bebida. Los granos de cacao son producto de exportación de Belize, Guatemala, Honduras y El Salvador, lugares de clima tropical. La ciudad de México era muy fría y seca para este cultivo.

Procesar los granos de cacao toma tiempo y energía. Los granos crecen dentro de una vaina dura pegada al tronco del árbol, o en las ramas más grandes. Después de cosechadas, las vainas se tienen que dejar quietas muchos días para que maduren. Después se separa la pulpa de los granos. Éstos se secan, se tuestan y luego se pelan. Los granos pelados se muelen varias veces sobre una fuente de calor para producir un polvo fino. La cocoa en polvo se usa casi siempre para postres horneados. También se mezcla con leche y azúcar para hacer bebidas dulces frías o calientes. En México se hace una salsa con cocoa en polvo y chiles. Se llama *mole*, que también proviene de la palabra azteca que significa salsa. El mole se emplea mucho para platos de pollo y otras carnes.

Capítulo 5

ALIMENTOS TROPICALES ADOPTADOS EN LAS AMÉRICAS

En el siglo XVI, los exploradores españoles trajeron al Nuevo Mundo varios tipos de alimento procedentes de Asia, entre los que se cuentan plátanos, mangos o mangós, papayas (fruta bomba, lechosa), arroz y caña de azúcar. A partir de entonces se han cultivado extensamente en Centroamérica y Suramérica. Costa Rica, Panamá y otros países cultivan muchos de esos productos para la exportación.

FRUTAS

Banano (guineo, cambur), plátano, mango y papaya requieren cultivo en clima tropical. El mango y la papaya son ricos en vitaminas y azúcares simples que producen energía rápidamente. A veces se sirven al natural o con azúcar para el desayuno, o como postre después de otras comidas.

El plátano, o plátano macho, no es tan conocido por la mayoría de la poblacióon en Estados Unidos como el banano. Pero como en muchos lugares la población hispana crece, no es muy difícl encontrarlo hoy día. El plátano no se come crudo sino cocido, como la papa. A veces se sirve para el desayuno. A veces se puede freír en baño de aceite, como papa frita.

ARROZ

El arroz es otro alimento importante. La mejor manera de cultivarlo es con las raíces y el tallo bajo el agua porque así la absorben directamente al crecer. El arroz es uno de los ingredientes más comunes en la cocina latina. Por lo general se sirve hervido, con frijoles, para acompañar otro plato, pero también se usa para hacer platos de arroz, carnes y vegetales revueltos. La harina de arroz se usa para hacer refrescos y postres.

AZÚCAR

La caña de azúcar y la remolacha o betabel son plantas que producen azúcar, polvos y almíbares que pueden endulzar cualquier cosa. Desde hace siglos, la caña de azúcar se cultiva en Cuba y otras islas del Caribe así como ciertos países de Suramérica. De esta región proviene la mayor parte de la producción mundial de azúcar. Con azúcar se endulzan cereales, frutas y postres. También se emplea para preservar alimentos y para que los ingredientes de bizcochos y jaleas se liguen.

Guineos, plátanos y cocos son unos de los productos tropicales que se venden en un mercado puertorriqueño en la ciudad de Nueva York.

Capítulo 6

Costumbres y platos latinos de hoy

No siempre es tan fácil obtener carne en los países hispanohablantes como en Estados Unidos. Los inmigrantes de Latinoamérica y sus descendientes ya no guardan sus platos de carne para ocasiones especiales sino que los preparan con más frecuencia.

Comidas tradicionales: de la paella a las tortillas

La *paella* es un plato tradicional latinoamericano originario de España. Se puede hacer de manera complicada o sencilla. Es un plato de arroz con distintas carnes—pollo, carne de res, pescado, chorizo de cerdo. Las carnes se pueden cocinar aparte, una por una, algunas veces con *sofrito*. El sofrito es una sustancia ("recao" o "recaíto") que se hace con tomates, cebolla, ajo y perejil. Se puede agregar para dar sabor a cualquier sopa o servirse para acompañar carnes. Cuando todo se ha cocinado, se sirve con arroz para la paella.

En ciertos lugares de Latinoamérica se puede cocinar la paella al aire libre en una barbacoa. La palabra "barbecue" tan común en inglés proviene del español, que la tomó de una palabra india. Quería decir una parrillita hecha de palos de madera verde, o cocinar en tal clase de fogón.

Uno de los ingredientes más importantes de la cocina mexicana es la tortilla. Anteriormente tomaba muchas horas hacerla. El maíz seco se echaba en agua de cal para suavizar el hollejo o cáscara del grano suave. Las mujeres trabajaban arrodilladas para moler los granos con una piedra cilíndrica o "metlapil" en una piedra cuadrilonga o "metate". Muchas de estas mujeres se volvían jorobadas de ancianas por esa forma de moler.

La harina se mezclaba con agua para hacer masa, la cual se aplastaba para hacer la tortilla. Las tortillas se cocinaban colocándolas contra una piedra grande calentada. Las mujeres tenían que moler todos los días, porque usaban ese maíz molido para muchos otros platos, además de tortillas.

Una señora salvadoreña hace tortillas exactamente como se han hecho en su familia durante muchos años.

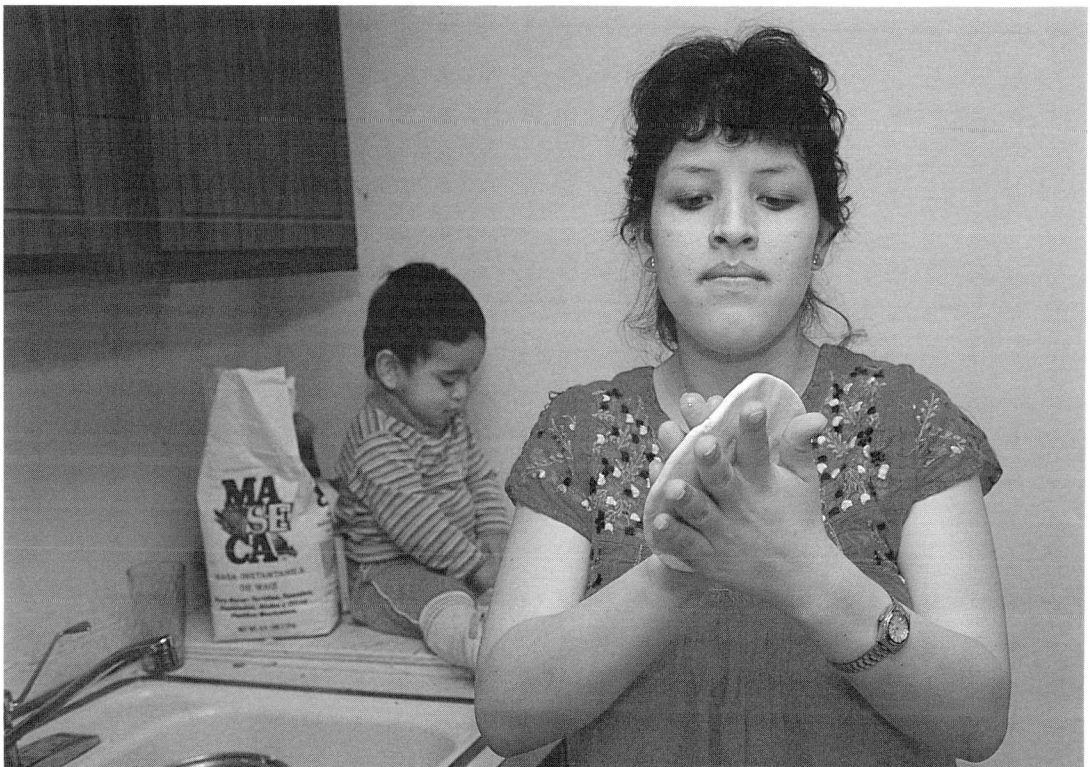

Actualmente, hacer tortillas es cosa de un momento. Nadie las elabora de principio a fin. Hay fábricas que muelen el maíz y hacen la harina con máquinas, cientos de libras al mismo tiempo. Éstas venden la harina a las tortillerías, que también tienen máquinas. Las máquinas mezclan la masa, la aplastan, le dan la forma y cocinan hasta 120 tortillas por minuto. Se pueden comprar tortillas por todo el país, veinticuatro horas al día, en paquetes de seis, doce, o más.

LA COMIDA Y LA CONVIVENCIA FAMILIAR

En la mayor parte de Latinoamérica y el Caribe, comer en familia es importante, así como dar gracias antes de la comida. Esta tradición de comer en familia resulta difícil de mantener para muchos cuando viven en Estados Unidos. La vida es distinta en el nuevo país, nadie tiene el mismo horario; pero aún así, siempre quieren estar juntos. Cuando las comidas son en familia, todos los miembros se enteran de las actividades de los otros y de las noticias.

Muchas familias latinas se juntan los domingos para rezar, cocinar y comer. A veces preparan platos sencillos conocidos de antaño, a veces platos más complicados. A veces compran comida preparada. La persona que cocina es casi siempre la que come de último. Entre los cubanoamericanos, muchas familias acostumbran encontrarse semanalmente en un mismo restaurante en vez de cocinar.

Para una familia hondureña, una vez por semana no es suficiente. Una familia de muchos miembros que viven en distintas casas en la misma ciudad se junta, además, dos veces por semana para cenar, por lo general en la misma casa, aunque no siempre.

Por tradición, cada persona que entra a la sala saluda a todos los demás con un beso y una sonrisa. El beso indica respeto y cariño y obediencia a la familia.

Compartir una comida en casa es importante para muchas familias latinas.

Y todos conversan o platican con todos los presentes: tías, tíos, primos y demás.

Una bebida caliente que se sirve mucho en estas reuniones es el *champurrado*. Se hace con *masa* de maíz y a veces se le añade avena, arroz y leche condensada. Para darle más gusto se le echa cacao y canela. Tiene la consistencia espesa de un batido, licuado, o malteada. Significa " calurosa y cordial bienvenida" para todo el que llega a comer, aunque no sea parte de la familia.

Para las familias cubanoamericanas, la comida en familia representa unidad, paz y amor. Lo que comen también tiene significado especial. Se sirven muchas frutas porque esto significa que la familia va a vivir fuerte muchos años. Los dulces y bizcochos son símbolos de felicidad y una vida mejor. El azúcar, producto cubano desde hace siglos, antes la compraban sólo los ricos porque era cara, pero ahora es barata y casi

Vistosas hojas verdes adornan este tradicional plato de arroz con pollo.

todo el mundo la puede usar para cocinar.

En la comida cubana hay muchos platos que requieren que los ingredientes se pongan en remojo en salsas sazonadas o jugos de frutas. Este método se llama remojo, escabeche o maceración y probablemente surgió porque la cena por lo general era tarde. Podría ser, sin embargo, que la cena se servía tarde por el estilo de prepararla.

Los puertorriqueños adinerados solían tener cocineras. Los pobres no tenían sirvientes y las mujeres de la familia tenían que cocinar. Los puertorriqueños admiran la cocina complicada y las comidas con muchos platos. Por lo menos dos comidas pueden consistir en varios platos.

LA VIDA Y LOS HÁBITOS ALIMENTARIOS CAMBIAN

La tradición alimentaria latina ha ido cambiando. Ahora hay menos tiempo para preparar grandes comidas porque muchos trabajan fuera de la casa; tampoco tienen tiempo para comer tanto. Para muchos latinos, la comida principal es la de la noche, porque se come después del trabajo o de las clases.

Tres platos caribeños que se han trasplantado sin dificultad a Estados Unidos son *arroz con pollo, moros y cristianos* y *sancocho*. El arroz con pollo es tradicional de los puertorriqueños y muchos otros latinos en Estados Unidos. De los cubanos proviene el plato de *moros y cristianos*, una combinación de frijoles negros con arroz blanco. Los frijoles representan a los moros que llegaron a España de África y el arroz blanco, a los cristianos españoles, los europeos. El *sancocho* es un plato popular en la República Dominicana y otros países. Es una sopa que puede ser caldo o espesa. Hay muchas maneras de prepararla, entre ellas una en que se hornea en una calabaza o auyama. Se le echan muchos vegetales o viandas, entre ellos yuca, papa, ñame, plátano, zanahoria, auyama (ullama, melón, calabaza) y guisantes (judías, petipuá). Se sazona con jugos cítricos y a veces vinagre. Y casi siempre se le echa carne. Se cocina hasta que todos los ingredientes se suavicen y se sirve con arroz. En Estados Unidos, a la moderna, a veces cocinan el sancocho en una olla de cocimiento lento, durante muchas horas. Así se puede poner la olla a cocinar por la mañana, antes de ir al trabajo o a la escuela, y tener el sancocho listo a la hora de la cena.

Ciertas familias latinas sazonan a su manera los alimentos que vienen empaquetados, como en la siguiente receta:

PAN DE MAÍZ ENCHILADO

1 cajeta de mezcla de pan de maíz
1 ó 2 tomates o jitomates maduros, en cubitos y
    sin jugo
2-3 cucharaditas de chile picante en polvo (chiles
    secos molidos)

Se prepara la mezcla según la instrucciones de la cajeta. Se suprime el azúcar si lo piden las instrucciones. Se pican los tomates en pedacitos y se le saca el exceso de jugo y las semillas antes de ligarlos con la mezcla de pan de maíz. El chile en polvo debe ser picante. Se añade y se mezcla bien el tomate y el chile. Se hornea el pan de maíz en un molde o recipiente engrasado, según las instrucciones del paquete.

Capítulo 7

COMIDAS FESTIVAS Y COSTUMBRES LATINAS

Los días festivos han sido siempre ocasiones para comidas y costumbres elaboradas. Por lo general, tienen que ver con eventos religiosos. La preparación de esas comidas puede tomar varias horas. Cuando se preparan con otros miembros de la familia es como una fiesta. La alegría y la convivencia son lo que hacen de éstas ocasiones especiales.

Los *tamales* mexicanos y los *pasteles* caribeños son dos ejemplos de esta preparación de comida en familia. Ambos se pueden preparar en cualquier época del año pero son popularísimos entre Navidad y Año Nuevo. Tanto los tamales y los pasteles llevan masa. La de los tamales es de maíz; la de los pasteles es de plátano con otros viandas o tubérculos. La manera tradicional de envolver tamales es en hojas de maíz, los pasteles, en hojas de plátano.

Ambos llevan un relleno en el centro de la masa, con carne que puede ser de cerdo, pollo o res. Para los tamales, según unas recetas, la carne se mezcla con pepitas molidas y guisantes. Para los pasteles, se usan a menudo distintas clases de tubérculos con la carne. A veces el relleno es

dulce, con pasitas y frutas frescas en vez de carne; a veces es todo fécula o almidón. Este bulto se ata bien y se hierve o se cocina al vapor.

Un cocido o potaje favorito para muchos en la época navideña es el *menudo*. Se hace con chiles o ajíes picantes y el mondongo o estómago de la res. El mondongo se lava muy bien y se pone en remojo de jugo de limón. Cuando está listo, se puede cocinar con chiles o ajíes, patitas de cerdo y masa. Por tradición, éste es un plato que se come el día después de una fiesta. Se dice que es bueno para después de haber comido y bebido mucho.

Los *buñuelos* son tradicionales como postre navideño en Colombia. Se hace una masa de harina, azúcar, huevos y mantequilla, con un poquito de cascarita de limón. Con la masa se hacen bolitas que se fríen en baño de aceite y se cubren con miel o azúcar y se espolvorean con canela.

Para que el Año Nuevo traiga suerte, se deben comer doce uvas a la media noche, cada una con una campanada del reloj, una uva por cada mes del año.

Muchos adultos reciben el Año Nuevo con un ponche, o a veces una ensalada, de cítricos y otras frutas tropicales. Se usa mucho naranja o china, tamarindo y piña, pero también se usa manzana y cualquier otra clase de fruta que uno quiera. En el tazón o la ponchera se coloca una piña entera, que no es sólo para adorno. A la fruta se le echa ron y azúcar, lo cual sirve para que el ponche tome el sabor de la piña. Este refresco, que se bebe con los amigos la víspera de Año Nuevo, es para que haya buena amistad los doce meses siguientes.

Los buñuelitos, fritos en baño de aceite, son un postre popular entre muchos latinoamericanos.

El *potaje de vigilia* lo sirven algunos el Viernes Santo, tres días antes de Pascua Florida. Esta sopa es para recordar la historia de María velando a su hijo, Jesús, en la cruz. La sopa no lleva carne. Se hace con garbanzos, pescado y espinaca. Una pasta de yema de huevo, ajo y almendras se maja con la espinaca mientras que los garbanzos y el pescado se cocinan. Después se ligan la mezcla de espinaca y los garbanzos y el pescado. Se le da sazón a la sopa con una hoja de laurel y color con pimentón en polvo.

GLOSARIO

aguacate: Fruta generalmente verde oscuro en forma de pera que tiene una pulpa verde y aceitosa.

anís: Especia que se usa para dar sabor al orozuz o regaliz negro.

arroz con pollo: Plato de arroz y pollo mezclados.

barbacoa: Palabra india que se refiere a una parrillita para cocinar y el acto de cocinar en ella.

buñuelos: Bolitas de masa fritas en baño de aceite, que muchas veces se sirven con canela o miel.

cacao, granos de: Semillas que se encuentran en una vaina larga y dura en el árbol de cacao. Se muelen para hacer cocoa, que a su vez se usa para hacer chocolate.

capsaicina: Veneno que se encuentra en los chiles o ajíes picantes que causa sensación de quemadura en los ojos, la nariz y la garganta del ser humano.

cilantro: Planta conocida también como culantro cuyas hojas se usan como condimento.

comino: Especia gustosa que proviene de las semillas de una planta de la familia de la zanahoria.

champurrado: Bebida espesa de masa, avena, arroz y leche condensada, sazonada con cocoa y canela. Generalmente se sirve caliente.

chicha: Bebida de los incas hecha con maíz, agua y varias especias.

chiles o *ajíes picantes:* Frutos de sabor muy picante. Los hay rojos y verdes, de distintos sabores, colores y tamaños.

chuño: Harina que se hace de papas congeladas, tradicional de los incas.

guacamole: Salsa o pasta que se hace con aguacate majado.

kayem: Masa tradicional de los mayas hecha con maíz medio molido.

leguminosas: Familia de plantas que incluye calabaza, maní o cacahuate y varias clases de frijoles o habichuelas.

maíz: Grano que una vez era silvestre y después lo cultivaron los indios de Norteamérica y Suramérica.

mango o **mangó:** Fruta tropical de sabor dulce que puede tener cáscara o piel roja o amarilla cuando madura.

masa: Tipo de pasta hecha con harina de maíz medio molido.

menudo: Cocido hecho con el mondongo o estómago de una res. Lleva chile o ají picante, patitas de cerdo y masa.

mole: Salsa que se hace con cocoa y chiles o ajíes picantes y se usa con platos de carne o pollo.

moros y cristianos: Plato de frijoles negros y arroz blanco.

orégano: Hierba aromática que se hace con una planta de la familia de la menta, la mejorana silvestre, y se emplea para dar gusto a la comida.

paella: Plato español de arroz con pollo, carne de res, pescado y chorizo de cerdo, ciertas legumbres y sofrito.

papaya: Fruta tropical muy jugosa de color amarillo y, a veces, anaranjado.

pasteles: Pequeños bultos que se hacen con vegetales y carne y se envuelven en hojas de plátano para cocinarlos.

plátano o **plátano macho:** Tipo de banano popular en Centroamérica y Suramérica que se cocina, se asa o se fríe.

salsa: Salsa con pedazos de chiles o ajíes, tomates o jitomates, cebollas verdes y cilantro, y muchas veces, con jugo de limón verde.

sancocho: Sopa que puede ser caldo o espesa, con viandas y carnes. Se le echa carne, jugo de algún cítrico o vinagre para sazonar. A veces se hornea en una auyama o calabaza.

sofrito: Preparación que se hace con "recao" o "recaíto" de tomates, cebollas y otras especies.

solanáceas: Familia de plantas famosas por su veneno.

Solanum: Nombre científico, en latín, de un género o grupo de plantas que incluye el tomate o jitomate, la papa y el chile o ají picante. Solanácea.

taco: Tortilla tostada que por lo general se rellena con carne, lechuga, tomates, queso y otros aderezos.

tamales: Masa de maíz que se rellena con carne de res, cerdo o pollo. A veces se rellena con pepitas molidas, guisantes, o frijoles. Generalmente se cocina envuelto en hojas de maíz.

tamarindo: Fruta tropical de pulpa agridulce.

tortilla: Especie de pan aplastado de maíz o de harina. Se usan tortillas para hacer tacos, quesadillas y burritos. Cuando se parten y se hornean o se fríen, se llaman totopos.

tubérculo: Raíz que crece subterránea.

Bibliografía

Coe, Sophie D. *America's First Cuisines*. Austin: University of Texas Press, 1994.

Dille, Carolyn, and Susan Belsinger. *The Chile Pepper Book*. Loveland, Colo.: Interweave Press, 1994.

Garver, Susan, and Paula McGuire. *Coming to America: From Mexico, Cuba, and Puerto Rico*. New York: Delacorte, 1981.

Meltzer, Milton. *The Amazing Potato*. New York: HarperCollins, 1992.

_____. *The Hispanic Americans*. New York: Thomas Y. Crowell, 1982.

Winn, Peter. *Americas: The Changing Face of Latin America and the Caribbean*. New York: Pantheon Books, 1992.

ÍNDICE